Inhalt

Social Networking - Hat der Boom des Mitmach-Internets bald ein Ende?

Kernthesen

Beitrag

Fallbeispiele

Weiterführende Literatur

Impressum

GENIOS WirtschaftsWissen Nr. 11/2007 vom
07.11.2007

Social Networking - Hat der Boom des Mitmach-Internets bald ein Ende?

M. Westphal

Kernthesen

- Social Networking-Seiten erfreuen sich einem regen Zulauf an Mitgliedern.
- Es ist noch nicht klar, ob sich diese Mitmach-Internet-Seiten langfristig nur durch Werbung finanzieren können.
- Die Nutzungs-Zeiten einiger Plattformen sind bereits wieder rückläufig, weshalb mit einem Abebben des Social Networking-Booms gerechnet wird.

Beitrag

Das Thema Nummer 1 im Internet ist das Web2.0 Mitmach-Internet auf Social Networking-Seiten. Online-Netzwerke wie Xing, Classmates, Facebook, Friendster, LinkedIn oder MySpace sind derzeit sehr erfolgreich und werden von vielen genutzt, um Freunde (wieder) zu finden oder Gleichgesinnte zu treffen.

Social Networking-Websites sind derzeit sehr populär und ermöglichen eine neue Art, miteinander zu kommunizieren. Für die Werbungtreibenden haben diese Seiten den Vorteil, dass die Werbung deutlich zielgerichteter platziert werden könnte. Daher gelten diese Social Networking-Seiten auch als lukratives Werbeumfeld. Allerdings steckt die Technologie für ein genaues Tracking der individuellen Nutzerinteressen und ein entsprechendes Platzieren der Werbung noch in den Kinderschuhen. (6)

Bisher ist offen, wie die Social Networking-Seiten langfristig Geld verdienen wollen

Die offene Frage ist, ob die Betreiber von Social

Networking-Sites, die schon Millionen von Menschen als Anwender gewinnen konnten, nun auch Umsätze und Gewinne generieren können. Die Werbung nimmt zwar zu, bei den sehr niedrigen Anzeigenpreisen wird aber kaum nennenswerter Umsatz erzielt. Bisher waren die großen Deals immer Abkommen zwischen einem Unternehmen wie Google und der Plattform MySpace oder jetzt auch Microsoft und Facebook. So zahlte Google für das Platzieren von Anzeigen auf MySpace hunderte Millionen von US-Dollar. Die Hoffnung liegt auf neuen Systemen und Algorithmen, die eine gezieltere und damit eben auch effektivere Werbung für einzelne Zielgruppen ermöglichen. So versucht MySpace ein Programm zu installieren, welches basierend auf den Informationen, die die Nutzer auf ihren "Home-Pages" hinterlassen, gezielt Werbung verschickt. So sollen dann Reiseveranstalter auch gezielt die Interessenten ansprechen können, die Safari-Reisen buchen würden. So ließen sich dann auch Anzeigenpreise generieren, die 20 bis 50 Prozent über den heutigen Werten lägen. (7)

Google hat mit seiner kürzlich erworbenen Plattform YouTube noch nicht so viel Vergnügen. Zwar ist die Marke YouTube extrem bekannt und die Integration auf Google hält die Nutzer länger im Google-Einzugsbereich was letztendlich die Webepreise erhöht. Bis jetzt ist aber noch nicht klar, wie das Videoportal YouTube letztendlich Geld verdienen soll.

Zwar wird für das kommende Jahr mit einem Umsatz von 120 Millionen US-Dollar gerechnet. Gegenüber dem Kaufpreis von 1,65 Milliarden US-Dollar ist das aber noch verschwindend gering. (4)

Auch Microsoft hat sich jetzt in den Markt für Social Networking-Seiten eingekauft

Für eine Beteiligung von 1,6 Prozent an der Internetfirma Facebook hat Microsoft 240 Millionen US-Dollar (oder 168,6 Millionen Euro) bezahlt. Während Microsoft seinem großen Rivalen Google bei der Plattform YouTube und dem Vermarkter Doubleklick den Vortritt lassen musste, konnte das Unternehmen in diesem Falle den Kampf um diese beliebte Community-Website gegen Google gewinnen.
Der enorme Betrag, den der Erwerb Microsoft wert war erklärt sich zum einen aus der Rivalität zu Google und deren auch durch die Akquisitionen inzwischen extrem gewachsene Bedeutung.
Außerdem verliert Microsoft an Image bei Kunden zwischen 17 und 20 Jahren, da Microsoft bei diesen als "uncool" gilt.
Rechnet man den Wert des Anteils hoch auf das

gesamte Unternehmen, hätte Facebook einen Wert von 15 Milliarden US-Dollar. Gemäß dem zwischen Facebook und Microsoft geschlossenen Vertrag besitzt Microsoft die exklusiven Vermarktungsrechte für Facebook, die laut Experten jährlich einen Wert von bis zu 500 Millionen US-Dollar besitzen. Allerdings wird auch bezweifelt, dass Gesellschaftstreff-Seiten wie Facebook alleine durch Werbung rentabel bleiben werden. Für das Jahr 2007 schätzt das Wall Street Journal den Gewinn von Facebook auf 30 Millionen US-Dollar. (1)

Mit Second Life verliert die erste Social Networking-Plattform an Attraktivität für die Nutzer

Second Life verliert an Anziehungskraft. Die Online-Zeiten der Nutzer reduzieren sich immer mehr, so eine Studie der Analysten der Yankee Group. Es ist das letzte Jahr ein kontinuierliches Abebben des Bewohnerwachstums erkennbar. Die Nutzer verlieren sich im Schnitt noch gerade für zwölf Minuten pro Monat in ihrer virtuellen Parallelwelt. Damit ist die Second Life-Seite die erste Social Networking-Plattform, die für die Nutzer offensichtlich an Attraktivität verliert. So verbringen die Nutzer

durchschnittlich 186 Minuten im Monat auf Facebook was immerhin ein Anwachsen von 25 Prozent gegenüber der Messung vor einem halben Jahr darstellt. (5)
Ein wesentliches Problem vieler Social Networking-Plattformen ist, das jeder zwar kostenlos in die Netzwerke hineinkommt, aber es kaum einen "Zwang" zum Ausstieg gibt, wenn der Nutzer nicht mehr regelmäßig die Plattform besucht. So entwickelt sich ein großer Anteil an Karteileichen.
So explodieren in Second Life zwar die Nutzerzahlen, es sollen inzwischen neun Millionen sein, und echte Firmen wie Adidas oder Prada haben ihre Shops in Second Life eröffnet. Aber selten sind mehr als 30 0000 Menschen gleichzeitig in der Parallelwelt Second Life.
Auch Facebook verzeichnet täglich 200 000 Neuanmeldungen und hat damit an die 47 Millionen aktiven Nutzer. (4)

Es wird befürchtet, dass das Web2.0 ähnlich platzt wie schon die Internet-Blase im Jahre 2000

Viele Beobachter fürchten, dass das Internet nach 2000 wieder einmal kollabieren könnte. Die

Abschreibungen in Milliardenhöhe, die Ebay für die Skype-Akquisition vornehmen muss, die Karteileichen bei Second Life wie auch die inzwischen ins unermessliche gestiegenen Preise für Firmenübernahmen im Social Networking-Bereich, nähren die Befürchtungen. (4)
Allerdings wird nicht erwartet, dass ein mögliches Platzen der Web2.0-Blase so extrem ausfallen wird wie im Jahre 2000. Damals wurden innerhalb von zwei Jahren acht Milliarden US-Dollar-Börsenkapital vernichtet. Außerdem liegen heute viele der Firmen noch in der Hand ihrer Gründer oder der ursprünglichen Geldgeber und Finanziers. So würde es weniger die Börse, denn vielmehr Privatinvestoren, die ihr Geld Wagniskapitalgesellschaften anvertraut haben, treffen.
Außerdem hat sich das Internet als Geschäftsmodell inzwischen deutlich mehr stabilisiert. Flossen im Jahre 2000 noch etwa 3,5 Milliarden US-Dollar ins Web, so sind es inzwischen allein in den USA 16,9 Milliarden US-Dollar. Allerdings liegt der Anteil des Internets am Gesamtwerbemarkt gerade mal bei acht Prozent. (4)

Fallbeispiele

Die Social Networking Plattform Facebook besteht seit 2004 und war ursprünglich als reine Campus Plattform für die Harvard-Universität gedacht. Inzwischen tauschen die Nutzer Inhalte und treffen sich in virtuellen Interessengruppen. So gibt es die meisten Nutzer in den USA, gefolgt von Kanada wo sechs Millionen Nutzer registriert sind. Auch England hat immerhin noch fünf Millionen Nutzer. Allerdings tauchen Frankreich und Deutschland in den TopTen der Facebooker noch nicht auf. (1)
In New York hat eine Firma die Social Networking-Seite "LifeAt" gelauncht. Ziel dieser Seite ist es, die Anonymität von großen Wohnblocks über ein entsprechendes soziales Netz auf einer eigenen Web-Site zu überwinden. Im Gegensatz zu anderen Social Networking-Seiten wartet "LifeAt" nicht darauf, dass Nutzer sich anmelden, sondern akquiriert aktiv über Hausverwalter geeigneter Objekte. Für die eigene Web-Site sind dann 6 000 US-Dollar zu zahlen, auf der dann Basisinformationen wie das nächste Cafe oder Fitnessstudio bereits vermerkt sind. Inzwischen sind von der Firma bereits 335 Gebäude gewonnen worden. Bis Ende 2007 werden 600 Häuser angepeilt. Neben der Akquise von Häusern, werden auch Werbepartner gesucht, denn über die einmalige Startgebühr von 6 000 US-Dollar wird sich der Service nicht finanzieren können. (3)
Der Holtzbrinck-Konzern hat sich Anfang 2007 das Studentenportal StudiVZ, welches das deutsche

Pendant zu Facebook darstellt, für rund 85 Millionen Euro gekauft. Zwar wurde dieser Betrag aus Expertensicht als sehr teuer eingestuft. Aber gemäß einer Studie des US-Internet-Marktbeobachters Comscore rangiert diese Plattform inzwischen auf Rang 2 aller Social Networking-Sites in Deutschland, direkt hinter MySpace mit 3,6 Millionen Nutzern. (4) Auch Yahoo hat nach einem gescheiterten Versuch, mit Yahoo 360 eine eigene Social Networking-Seiten zu etablieren, jetzt Mash mit einigen Versuchs-Usern eröffnet. Mash ist damit eine weitere Web2.0-Plattform, die von Yahoo neben den schon existierenden Yahoo-Sites wie Flickr, del.icio.us oder upcoming.org angeboten wird.

Weiterführende Literatur

(1) Microsoft nähert sich der Jugend Der Software-Riese kauft sich einen kleinen, teuren Anteil an Social Network Facebook
aus Frankfurter Rundschau v. 26.10.2007, S.20, Ausgabe: S Stadt

(2) Ich seh' Dir in den Quellcode, Kleines!
aus tecChannel.de Online, Meldung vom 25.10.2007

(3) Der Draht zum Nachbarn
aus Süddeutsche Zeitung, 24.10.2007, Ausgabe Deutschland, Bayern, München, S. 18

(4) Rache der Stubenhocker
aus WirtschaftsWoche NR. 043 VOM 22.10.2007 SEITE 164

(5) Yankee Group: Second Life verliert an Lebenskraft
aus tecChannel.de Online, Meldung vom 05.10.2007

(6) Wettbieten um Kontaktbörse Facebook Microsoft konkurriert mit Google um Einstieg bei Internet-Treffpunkt · Wert des Portals auf fast 13 Mrd. Dollar taxiert
aus Financial Times Deutschland vom 26.09.2007, Seite 5

(7) Maßarbeit für die Massen Die erste Werbung auf Web-2.0-Seiten läuft bereits. Noch wird aber nach Werkzeugen gesucht, um die Kampagnen genauer auf die Profile der Nutzer auszurichten
aus Financial Times Deutschland vom 04.09.2007, Seite 4

(8) Sophos-Umfrage: Fast 50 Prozent aller Angestellten dürfen Facebook nicht besuchen
aus tecChannel.de Online, Meldung vom 21.08.2007

Impressum

Social Networking - Hat der Boom des Mitmach-Internets bald ein Ende?

Bibliografische Information der deutschen Nationalbibliothek

Die Deutsche Nationalbibliothek verzeichnet diese Publikation in der deutschen Nationalbibliografie; detaillierte bibliografische Daten sind im Internet über http://dnb.d-nb.de abrufbar.

ISBN: 978-3-7379-0334-9

© 2015 GBI-Genios Deutsche Wirtschaftsdatenbank GmbH, Freischützstraße 96, 81927 München, www.genios.de

Alle Rechte vorbehalten. Dieses Werk ist einschließlich aller seiner Teile – z.B. Texte, Tabellen und Grafiken - urheberrechtlich geschützt. Jede Verwertung außerhalb der Grenzen des Urheberrechtsgesetzes bedarf der vorherigen Zustimmung des Verlags. Dies gilt insbesondere auch für auszugsweise Nachdrucke, fotomechanische

Vervielfältigungen (Fotokopie/Mikroskopie), Übersetzungen, Auswertungen durch Datenbanken oder ähnliche Einrichtungen und die Einspeicherung und Verarbeitung in elektronischen Systemen.